Guillaume a quatorze ans.

Il est sportif.

Il joue très bien au football.

Mais il a un problème. Il a peur des...

---

il a peur des   he is scared of

... insectes! Même les escargots!

Guillaume déteste les petites bestioles.
Les araignées, les abeilles, les mouches
et les moustiques, les guêpes,
les papillons.

les bestioles   insects, bugs

trois 3

L'été, Guillaume est très malheureux. Il ne sort pas. Il reste à la maison ou dans la classe. Il ne joue même pas au football avec ses copains.

l'été	in summer
malheureux	unhappy
il ne sort pas	he doesn't go out
il reste	he stays

Les autres élèves se moquent de Guillaume.

Tout le monde est perplexe: ses parents, ses professeurs, même le médecin!

Il n'y a pas de remède.

C'est ridicule!

Tu es grand, les insectes sont petits!

Je ne comprends pas!

J'en ai marre!

se moquent de	tease
tout le monde	everyone
perplexe	confused
il n'y a pas de remède	there's no cure
j'en ai marre	I'm fed up

Un jour, Guillaume voit une petite annonce dans le journal.

---

une petite annonce	small ad
hypnotiseur	hypnotist
résoud	solves
un rendez-vous	appointment

«Allô? Monsieur Génie? Je m'appelle Guillaume Lesage. J'ai un problème... »

Guillaume arrive à la rue Papillon. La porte est ouverte. Guillaume monte un escalier et hésite... «Entrez!» dit une voix forte. C'est Monsieur Génie!

ouverte	open
monte un escalier	climbs up the stairs
hésite	hesitates
une voix forte	a loud voice

Monsieur Génie semble normal,
mais il a les yeux bizarres.

> Regarde-moi dans les yeux, Guillaume. Tu es fatigué, très fatigué...

arrêtez de fumer	stop smoking
perdez dix kilos	lose ten kilos
comment vaincre	how to conquer
le vertige	vertigo
semble	seems

Guillaume sort dans la rue. Il fait chaud. Guillaume entend un bourdonnement. Une guêpe! Mais c'est bizarre... il n'a pas peur!

Ouf! Ça y est! Les mouches, les abeilles, les araignées... maintenant, je m'en fiche! FANTASTIQUE!

un bourdonnement	buzzing noise
ouf!	phew!
ça y est!	that's it! done!
maintenant	now
je m'en fiche	I don't care

Le soir, dans la douche, Guillaume voit une énorme araignée. Est-ce qu'il a peur? Non!

Bonjour, petite araignée!

le soir — that evening
la douche — the shower

Bizarre, ce type! Il mange des mouches

La vie de Guillaume a changé. Maintenant, il joue au football. Il va à la piscine. Et il n'a pas peur des insectes, il les adore!

Mmmm... délicieux!

ce type	that guy
mange	eats
la vie	life
a changé	has changed
la piscine	the swimming pool

Guillaume regarde dans le miroir. Mais...
c'est bizarre... qu'est-ce qui se passe?

---

le miroir   the mirror
qu'est-ce qui se passe?   what's happening?

> Réveille-toi, Guillaume. Il est huit heures!

> J'arrive!

> A tout à l'heure, Guillaume! Le petit déjeuner est sur la table. N'oublie pas ta clé!

réveille-toi	wake up
à tout à l'heure	see you later
n'oublie pas	don't forget
ta clé	your key

Mais maintenant Guillaume n'a pas besoin de clé.

L'école, je m'en fiche! J'ai faim!

n'a pas besoin de   doesn't need
j'ai faim   I'm hungry

Guillaume adore les petites bestioles. Regarde le code, et trouve le nom des quatre bestioles préférées de Guillaume!

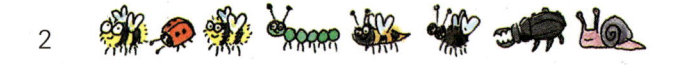

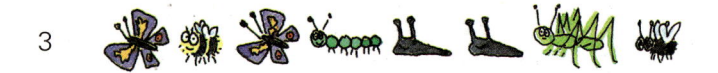

1. abeille

2. araignée

3. papillon

4. guêpe